Warum spuckt der Torwart
auf die Handschuhe?

Wie viele Trikots
besitzt ein Spieler?

Welche Schuhmarke
tragen die Spieler?

Was verdient
ein Fußballprofi?

Wie trainiert
ein Schiedsrichter?

Haben Fußballspieler
immer O-Beine?

Wie viele Fernsehkameras stehen im Stadion?

Wie groß ist ein
Fußballfeld?

Was macht ein Trainer
den ganzen Tag?

Warum ist der Rasen auch im Winter grün?

Impressum

Band 19 der Reihe
„Was Kinder wissen wollen"
Velber Verlag
© 2005 Family Media GmbH & Co. KG,
Freiburg i. Br.
Alle Rechte vorbehalten

Illustrationen: Detlef Kersten
Coverfoto: Christoph Schmotz
Fotos: Christoph Schmotz (7, 11-43),
Picture Alliance (45); Josef Hesse /
Sportschäper / www.sportschaeper.de (9)

Text und Redaktion: Ulrike Berger
Layoutentwurf: Christoph von Herrath
Layout: Anja Schmidt
Repro: Baun PrePress, Fellbach
Druck: Proost, Belgien

ISBN 3-86613-506-8
ISBN 978-3-86613-506-2 (ab 1. 1. 2007)

Wann ist der Ball im Tor?

Verblüffende Antworten über Fußball

Wer erfand den Fußball?

Bereits vor 4000 Jahren spielten die Chinesen ein Spiel, das als Fußball-Vorläufer gilt. Der Ball war aus Lederstücken genäht und mit Federn und Tierhaaren ausgestopft.
Im Mittelalter wurde in England „Fußball" gespielt, indem zwei Dörfer versuchten, einen Ball in das gegnerische Stadttor zu befördern. Das „Spielfeld" war zwischen zwei Dörfern, selbst wenn diese mehrere Kilometer auseinander lagen!
1846 wurde das erste Mal Fußball so gespielt, wie wir es heute kennen. Studenten der Universität Cambridge verfassten die ersten Regeln. Damals bestand eine Mannschaft noch aus 15 bis 20 Spielern. Erst 1870 wurde die Zahl der Spieler auf 11 begrenzt.

Übrigens:
In den „Jenaer Regeln" wurde 1896 festgelegt, dass auf den Fußballplätzen in Deutschland keine Bäume oder Sträucher stehen dürfen!

Wie werden Fußballtore gebaut?

Bis Anfang der 70er Jahre wurden fast alle Fußballtore aus Holz hergestellt. Am 3. April 1971 fiel ein Spieler ins Netz des gegnerischen Tores, wobei der hölzerne Torpfosten zerbrach. Seither werden die Tore aus stabilerem Aluminium gebaut. Die meisten Tore der Bundesliga stammen aus einer einzigen Torfabrik aus Münster. Hier werden aus Aluminiumgrundprofilen die Bestandteile eines Tores hergestellt. Im Querschnitt sind die Stangen zwölf Zentimeter tief, aber nur zehn Zentimeter breit. Solche ovalen Pfosten sind stabiler als runde. Anschließend werden die einzelnen Torbestandteile (zwei aufrechte Pfosten und eine Querlatte) zugesägt und die Haken für die Netze eingefräst. Pfosten und Querlatten der Tore werden zum Teil verschweißt und dann durch ein spezielles System ineinander gesteckt. So kann das Tor schnell auf- und wieder abgebaut werden.

Übrigens:
Die Torgröße ist genau vorgeschrieben: 2,44 Meter hoch und 7,32 Meter breit. Auch mit der Maschengröße nimmt man es beim internationalen Fußball ganz genau: Jede Masche hat einen Durchmesser von zwölf Zentimetern. Das macht 2 800 Löcher in einem Tornetz!

Wie kommen die Streifen auf den Rasen?

Die Fußballfelder in den Bundesligastadien tragen ein auffallendes Streifenmuster. Dunkelgrüne und hellgrüne Streifen wechseln sich ab. Das Muster stammt vom Rasenmäher. Die Maschine fährt parallel zur Mittellinie über das Fußballfeld und drückt dadurch die Grashalme in Fahrtrichtung um. Beim Rückweg drückt sie das Gras in die andere Richtung.

Übrigens:
Diesen Farbwechsel habt ihr sicher schon einmal bei Wildlederschuhen beobachtet. Streicht ihr das Leder in eine Richtung, entsteht eine einheitliche Farbe. Streicht ihr mit einem Finger in Gegenrichtung über das Leder, so verändert sich die Farbe. Je nach Lichteinfall ist der so entstandene Streifen heller oder dunkler als der Rest des Schuhs.

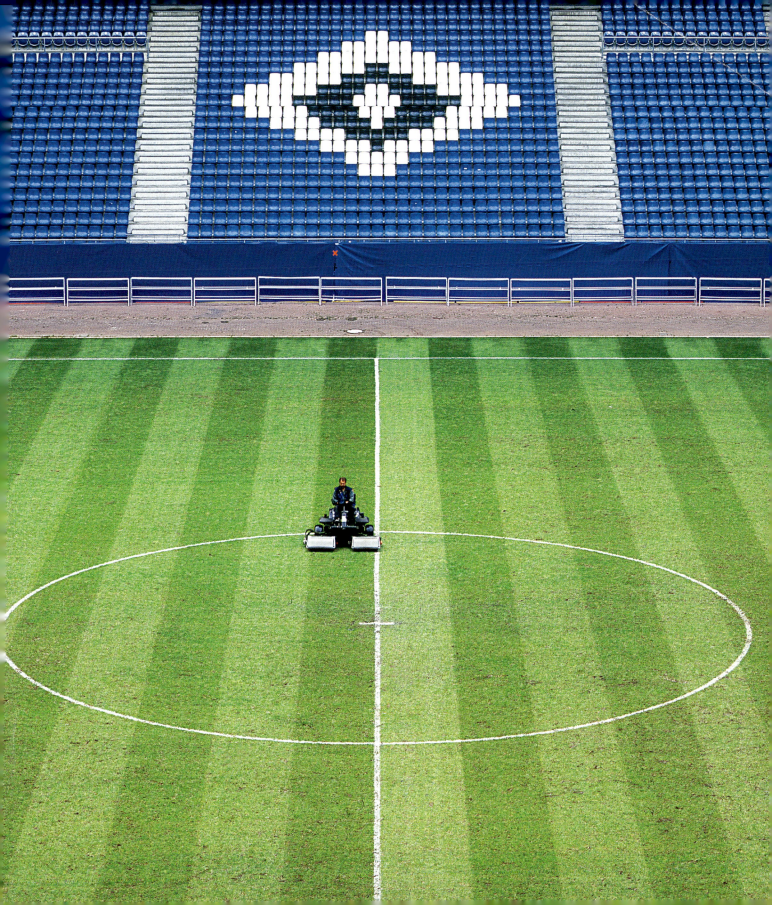

Wer wählt die neuen Trikots aus?

In jeder Spielsaison sind die Spieler mit einem neuem Trikot ausgestattet. Wer entscheidet, wie dieses Trikot aussieht?
Bei den meisten Bundesligavereinen wird das Trikot direkt vom Ausrüster entworfen. Kleinere Vereine suchen das Trikot einfach aus dem Katalog des Ausrüsters aus. Dann entscheiden mehrere Leute gemeinsam über das endgültige Aussehen. Zu dieser Gruppe gehören der Vorstand des Vereins, die sportliche Leitung und Vertreter aus dem Merchandising.

Übrigens:
Das Merchandising ist zuständig für die Vermarktung der Fanartikel des Vereins. Also dafür, dass zum Beispiel möglichst viele Fans das Trikot mit dem Namen ihres Lieblingsspielers kaufen können.

Was macht ein Fußballprofi den ganzen Tag?

Jeden Tag ein bisschen Training, samstags ein Spiel, das ist doch ein schönes Leben, oder? Der Alltag im Fußballgeschäft ist härter, als man so meint! Jeden Tag gibt es zwei Mal ein bis zwei Stunden Training – bei jedem Wetter. Dazu kommen Massage, Gymnastik und viel Krafttraining. Hier hat jeder Spieler ein ganz spezielles Programm, das ihm vom Fitnesstrainer zusammengestellt wird. Abends geht's noch in die Sauna, um Verletzungen und Krankheiten vorzubeugen.

Die letzte Nacht vor dem Spiel verbringt die Mannschaft gemeinsam in einem Hotel. Dann wird das kommende Spiel besprochen und alle schauen sich die Videoaufzeichnungen an. Der Trainer führt noch mit einigen Spielern Einzelgespräche, aber spätestens um 23.00 Uhr ist absolute Bettruhe.

Zu diesem kräftezehrenden Alltag kommen für Spieler aus dem Ausland noch Sprachkurse. Und manche Spieler schaffen es sogar, abends eine Ausbildung zu machen!

Übrigens:

Wer zu spät zum Training kommt, muss Strafe in die Mannschaftskasse zahlen. Verspätungen kosten die HSV-Spieler zum Beispiel 100 Euro, ab der 16. Minute sogar 250 Euro!

Wer putzt die dreckigen Schuhe?

Nach den Spielen oder dem Training sind die Schuhe völlig verdreckt. Jetzt heißt es Schuhe putzen. Dazu gibt es neben der Umkleidekabine eine „Schuhschleuse". Hier stehen ein großes Waschbecken, Trockenständer für die nassen Schuhe und Regale, in denen die trockenen Schuhe lagern. In manchen Vereinen müssen die Spieler ihre Schuhe selbst putzen. In anderen Vereinen haben die Spieler Glück. Dort ist der Zeugwart für das Reinigen der Schuhe zuständig. Damit die sauberen Schuhe anschließend auch im richtigen Regal landen, tragen alle Schuhe die Rückennummer des Spielers.

Übrigens:
Einen Zeugwart hat jeder größere Club. Er kümmert sich um alles, was Spieler und Trainer zum Training oder beim Spiel brauchen. Wie wichtig ein Zeugwart ist, merkt man erst, wenn etwas schief geht. Wenn zum Beispiel zum Auswärtsspiel die falschen Trikots mitgenommen wurden …

Wann ist der Ball im Tor?

Wer häufig im Stadion ist, kennt das Geschrei: Der Ball war doch schon im Tor! Das konnte man von der Tribüne aus ganz genau sehen! War es wirklich ein Tor? Wie weit muss der Fußball mindestens über der Linie sein, damit er sie überschritten hat? Die Regel ist hier ganz eindeutig: Ein Ball muss „mit dem vollen Durchmesser" über der Linie sein. Das heißt, wenn nur ein kleiner Teil des Balls die Linie berührt, ist er noch nicht „drin". Und der Torwart hat den Ball noch „auf der Linie" gerettet.

Die gleiche Regel gilt übrigens auch an den Begrenzungslinien des Fußballfelds. Der Ball ist erst „aus", wenn er vollständig außerhalb des Spielfelds ist!

Übrigens:
Der Heimverein muss bei Spielen der 1. und 2. Bundesliga immer zehn Bälle zur Verfügung stellen. Außerdem sind rund um das Spielfeld acht Balljungen mit je einem Ball verteilt. Insgesamt befinden sich also 18 Bälle im Stadion.

Wer trägt welche Rückennummer?

Bis zu Beginn der 90er Jahre war genau festgelegt, welche Rückennummer auf welcher Position zu spielen hatte. Der Torwart trug die Nummer eins, die Nummer zwei trug der rechte Verteidiger und so weiter. Auf dem Feld spielten also nur Spieler mit den Rückennummern 1 bis 11. Ging ein Spieler vom Platz, so bekam der eingewechselte Spieler dessen Rückennummer. Erst seit 1995 gehören die Rückennummern fest zu einem bestimmten Spieler. Der Vorteil dieser Regelung? Trikots mit Rückennummer und einem Spielernamen sind bei den Fans viel begehrter!

Vor Beginn einer Saison werden die Rückennummern der Bundesligavereine der Deutschen Fußball-Liga mitgeteilt. Welcher Spieler welche Nummer erhält (abgesehen vom Torwart mit der Nummer 1) ist egal und wird vereinsintern geregelt. Ein Tausch oder Wechsel der Rückennummer ist während der Saison nicht möglich! Lediglich beim Ausscheiden eines Spielers kann die frei werdende Nummer wieder vergeben werden.

Was ist ein Pferdekuss?

Ein Pferdekuss ist eine Prellung, meist am Oberschenkel. Diese äußerst schmerzhafte Prellung entsteht dann, wenn das Knie in den Oberschenkel des Gegners „gerammt" wird. Ein Pferdekuss kann zu großen Blutergüssen führen und einen weiteren Einsatz gefährden! Der Name „Pferdekuss" kommt aus dem Alltag der Hufschmiede. Der klassische Pferdekuss wurde durch einen Huftritt ausgelöst, beispielsweise beim Beschlagen des Tieres. Denn hierbei hält der Hufschmied den Huf in Oberschenkelhöhe fest.

Übrigens:
Hat sich ein Spieler verletzt, fragt ihn der Schiedsrichter, ob er behandelt werden muss. Dann erst erlaubt der Schiedsrichter, dass bis zu zwei Betreuer das Spielfeld betreten dürfen. Zusätzlich kann er auch zwei Sanitäter mit einer Trage anfordern.

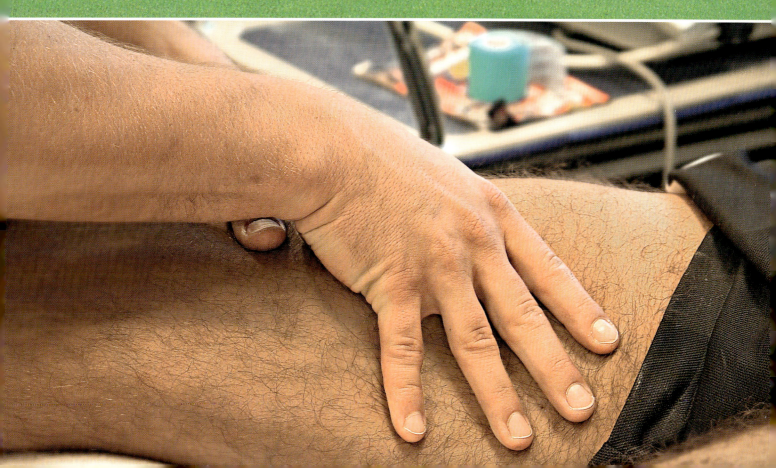

Was passiert in der Halbzeitpause?

In der Halbzeitpause versammeln sich alle Spieler in der Umkleidekabine. Das Wichtigste ist der „Cool Down": Es herrschen vier bis fünf Minuten Ruhe, in denen jeder Spieler Zeit für sich selbst hat. Diese Minuten nutzen die Spieler zum Trinken, zum Wechseln der Trikots und für kurze Massagen. Auf die Toilette müssen die Spieler nur selten, da sie die meiste Flüssigkeit während des Spiels aus dem Körper ausschwitzen. Daher gibt es auch keine Warteschlange vor den Toiletten der Umkleidekabine. Außerdem würden die Spieler dann das Wichtigste verpassen: die Ansprache des Trainers mit den Vorgaben für die nächste Halbzeit. Jetzt nimmt der Trainer Umstellungen vor, gibt den Spielern konkrete Hinweise und vor allem motiviert er sie für die zweite Halbzeit. Auch die Spieler sagen dann ihre Meinungen, sodass es in der Kabine zu regen Diskussionen kommen kann!

Übrigens:
Spieler, die vergessen, ihr Handy auszuschalten, zahlen beim Klingeln in der Umkleidekabine eine Strafe von zum Beispiel 100 Euro an den Verein!

Warum spuckt der Torwart auf die Handschuhe?

Wer beim Aufwärmen vor dem Spiel den Torwart genau beobachtet, bemerkt immer wieder eine Szene: Der Torwart spuckt auf die Innenseite der Handschuhe – auch während des Spiels! Durch die Spucke werden die Handschuhe feucht, haften besser und der Torwart kann den Ball gut halten. Die Handschuhe haben dann „einen besserer Grip", wie die Torleute sagen. Und anschließend klopfen sie mit diesen Handschuhen ihren Mitspielern auf die Schultern …

Übrigens:
Ein Torwart verschleißt pro Saison bis zu 50 Paar Handschuhe.

Wie viele Trikots besitzt ein Spieler?

Jeder Spieler braucht pro Spiel zwei Trikots, denn in der Halbzeitpause ziehen sich die Spieler ein frisches Trikot an. Nach dem Spiel wäscht der Zeugwart die schmutzigen Trikots und bewahrt sie für das nächste Spiel auf. Das gilt für alle Trikots, sofern sie nicht kaputt sind, nicht mit dem Gegenspieler getauscht oder an Fans verschenkt wurden.

In einem Vorratsraum lagern alle Trikots für die nächsten Spiele. Ein Teil davon trägt schon den Spielernamen. Andere werden erst direkt vor dem Spiel mit Namen und Nummer des Spielers versehen. „Beflocken" nennt man das.

Übrigens:
Auch die neuen Fußballschuhe sind in diesem Raum „auf Vorrat" gelagert, geordnet nach der Schuhgröße.

Was verdient ein Fußballprofi?

Mit 22 Jahren Millionär sein, ein dickes Auto fahren – Fußballprofi ist ein Traumberuf. Was verdienen die Kicker wirklich?
Das Gehalt eines Fußballprofis besteht aus zwei Teilen. Der erste Teil ist das Festgehalt – und über dessen Höhe schweigen die Vereine eisern! Diesen Betrag bekommt der Spieler immer, auch wenn er verletzt ist. Dazu kommen die so genannten Prämien. So erhält ein Spieler zusätzlich Geld, wenn er bei einem Spiel eingesetzt wird. Die Höhe dieser „Auflaufprämie" hängt davon ab, ob er nur zwei Minuten spielt oder die ganzen 90 Minuten. Der Spielausgang kann das Gehalt zusätzlich erhöhen. Alle Spieler der Mannschaft, also auch die Spieler auf der Ersatzbank, erhalten Punkteprämien, wenn das Match gewonnen wird oder unentschieden endet.

Übrigens:
Die Liste der wohlhabendsten Kicker führen Spieler von Real Madrid an: Die Teuersten unter ihnen verdienen pro Jahr über zehn Millionen Euro. Und dazu kommt mindestens noch einmal so viel Geld aus Werbeverträgen!

Welche Schuhmarke tragen die Spieler?

Jeder Fußballverein schließt zu Beginn einer Saison einen Vertrag mit einem bestimmten Sportausrüster ab. Alle Spieler sind nun verpflichtet, die Schuhe dieses einen Ausrüsters zu tragen. Dafür bekommt der Verein viel Geld von seinem Ausrüster! Sollten einem Spieler die normalen Schuhe des Ausrüsters nicht passen, so werden für ihn spezielle Schuhe hergestellt. Ausnahmen gelten – nach Absprache – für Spieler, die eigene Verträge mit Ausrüstern haben. Dies kann zum Beispiel der Fall sein, wenn der Spieler neu zum Verein gewechselt ist und noch seinen alten Vertrag erfüllen muss.

Wie trainiert ein Schiedsrichter?

Bei einem Fußballspiel rennt wohl kein Spieler so viel wie der Schiedsrichter. Denn er muss ja immer in Ballnähe bleiben! Damit ihnen während eines Spiels nicht die Puste ausgeht, trainieren Schiedsrichter hauptsächlich ihre Ausdauer. Zusätzlich gucken sie sich immer wieder Video-Aufzeichnungen der letzten Spiele an und beobachten genau, wo der andere Schiedsrichter dort vielleicht Fehler gemacht hat und was sie besser machen müssen.
Schiedsrichter müssen auch immer wieder „zur Schule". Jeden Monat ist ein Schiedsrichter-Lehrabend. Hier wird besprochen, wie neue Regeln angewendet werden, wie die Spielberichte ausgefüllt werden sollen und vieles mehr. Und einmal im Jahr ist sogar ein Schiedsrichter-Lehrgang. Am Ende dieses Lehrgangs müssen die Schiedsrichter eine richtige Prüfung ablegen! Damit sie die Prüfung bestehen können, heißt es lange vorher Regeln büffeln. Nur wer die Prüfung besteht, darf pfeifen. Denn im Ernstfall kann der Schiedsrichter ja auf dem Platz nicht im Handbuch nachschauen …

Übrigens:
Das alles machen Schiedsrichter in ihrer Freizeit – denn Schiedsrichter sind immer Amateure und haben noch einen Hauptberuf!

Haben Fußballspieler immer O-Beine?

O-Beine sind wohl das Fußballer-Merkmal schlechthin. Deswegen warnen manche Mütter ihre Söhne: „Spiel nicht so viel Fußball, sonst bekommst du O-Beine." Stimmt das überhaupt?

Forscher fanden heraus, dass bereits 13-jährige Vielkicker zu O-Beinen neigen. Jeder vierte erwachsene Fußballspieler hat verbogene Beine, die von vorne oder hinten betrachtet ein großes „O" bilden! Denn das Fußballspielen beansprucht vor allem die inneren Beinmuskeln. Dadurch sind diese Muskeln stärker und kürzer. Durch diese unterschiedlich langen Muskeln wird das Knie ungleichmäßig belastet. Die Folge sind O-Beine …

O-Beine erhöhen aber das Verletzungsrisiko von Meniskus und Kreuzband! Deswegen ist es für Fußballer wichtig, das Knie beim Training und im Kraftraum nicht einseitig zu belasten. Wer richtig trainiert, muss keine O-Beine bekommen!

Wie viele Fernsehkameras stehen im Stadion?

Die Rechte an der Fernsehübertragung der Bundesligaspiele besitzt nur ein einziger Sender. Der Sender zahlt dafür viel Geld an die Deutsche Fußball-Liga (DFL)! Diese zahlt das Geld wiederum an die einzelnen Bundesligvereine aus. Die Produktionsfirma dieses Senders hat bei Bundesligaspielen im Stadion neun Kameras verteilt. Bei Top-Spielen können es auch bis zu 25 Kameras sein! Mindestens eine „Führungskamera" steht dabei auf der Haupttribüne und zeichnet das ganze Spielgeschehen aus einem einzigen Blickwinkel auf. Die Trainer der Bundesligavereine nutzen die Aufzeichnung dieser Kamera, um später die Spiele genau zu analysieren.

Die anderen Kameras sind am Spielfeldrand verteilt. Wenn du genau hinschaust, kannst du immer eine Kamera hinter dem Tor erkennen.

Übrigens:
Jeder Verein erhält nach jedem Spieltag die gesamten Spielaufzeichnungen von allen Spielen der 1. und 2. Liga, um die Gegner studieren zu können.

Wie groß ist ein Fußballfeld?

Alle Fußballfelder sind gleich groß, oder? Nein, das stimmt nicht! Nur bei der Weltmeisterschaft ist die Größe des Feldes seit dem WM-Turnier 2002 in Japan und Korea auf 105 Meter Länge und 68 Meter Breite festgelegt. Ansonsten können Länge und Breite eines Fußballfelds sogar ziemlich unterschiedlich sein. Bei internationalen Spielen muss die Länge des Feldes zwischen 100 und 110 Metern liegen, die Breite zwischen 64 und 73 Metern. Bei anderen Spielen werden die Ausmaße lockerer gehandhabt. Hier kann die Länge zwischen 90 und 120 Metern, die Breite zwischen 45 und 90 Metern schwanken!

Übrigens:
Die Begrenzungslinien werden mit Kreide gezogen. Und hier gibt es eine ganz genaue Angabe: Alle Linien dürfen höchstens zwölf Zentimeter breit sein.

Was macht ein Trainer den ganzen Tag?

Ist die Mannschaft erfolgreich, so stehen die Spieler im Mittelpunkt. Läuft es dagegen nicht rund, gibt es nur einen Sündenbock – den Trainer ... Ein Trainer-Alltag beginnt vor 7 Uhr und endet oft erst nach 20 Uhr. Die meiste Zeit verbringt der Trainer auf dem Fußballplatz: zum Vorbereiten des Trainings und für das Training selbst. Nach den Liga-Spielen sitzt er viel vor dem Fernseher. Er muss sich die Videoaufzeichnungen des letzten Spieltags ganz genau angucken – sowohl die eigenen Spiele, als auch die Spiele des nächsten Gegners, und das mehrere Male hintereinander. Manchmal fährt der Trainer auch zu Spielen anderer Mannschaften, um einzelne Spieler beim Spiel zu beobachten.

Außerdem bespricht er sich täglich mit dem Co-Trainer und dem Fitnesstrainer über den Gesundheitszustand der Spieler. Auch mit den einzelnen Spielern und dem Spielerrat führt er ständig Gespräche. Er ist Organisator, Psychologe und Motivationstrainer in einem.

Übrigens:

Auch Interviews geben gehört zum Traineralltag. Selbst im größten Stress muss er freundlich sein, wenn er vor der Kamera steht!

Warum ist der Rasen auch im Winter grün?

In allen Stadien der deutschen Fußball-Bundesliga ist eine Rasenheizung fest vorgeschrieben. Die Rasenheizung ist allerdings nicht dazu da, dass die Profispieler keine kalten Füße bekommen. Sie sorgt dafür, dass der Rasen auch im Winter bespielbar ist. Unter dem Rasen ist hierzu ein Netz von Röhren verlegt, durch das warmes Wasser geleitet werden kann. Eine Fußbodenheizung für das Stadion! Hart gefrorener Boden wird so aufgetaut und (nicht zu dicke) Schneedecken schmelzen.

Übrigens:
Bei vielen großen Stadien bekommt die Grünfläche zwischen den steilen Tribünen und dem Dach kaum Luft und Licht. Der Rasen kann nicht trocknen und der Boden weicht auf. Beim Spielen werden dann die Grashalme aus dem Boden gerissen. In der Hamburger AOL-Arena muss der Rasen daher zwei bis drei Mal pro Saison ausgetauscht werden! Hierzu wird Rollrasen verlegt. Das sind Bahnen von Erde mit fertiger Rasenfläche. Schon am Tag danach ist der Rasen wieder bespielbar.

**In der Reihe „Was Kinder wissen wollen"
sind bereits folgende Titel erschienen:**

Was wäscht der Waschbär?
ISBN 3-89858-072-5

Woher kommen Blitz und Donner?
ISBN 3-86613-073-2

Warum haben wir zehn Zehen?
ISBN 3-86613-200-X

Wie spült die Klospülung?
ISBN 3-89858-257-4

Können Schmetterlinge hören?
ISBN 3-89858-227-2

Was spuckt ein Vulkan?
ISBN 3-86613-228-X

Wo ist im Weltall oben und unten?
ISBN 3-89858-237-X

Warum hat ein Bagger Zähne?
ISBN 3-86613-283-2

Warum stinkt der Käse?
ISBN 3-86613-293-X

Warum tragen Indianer Federn?
ISBN 3-86613-294-8

Wann ist der Ball im Tor?
ISBN 3-86613-506-8